BEI GRIN MACHT SICH IHR
WISSEN BEZAHLT

Literaturverfilmung von Märchen. Vergleich von Grimms Märchen "Aschenputtel" und dessen Verfilmung von Uwe Janson

Yoganjana S. Menike

Bibliografische Information der Deutschen Nationalbibliothek:

Die Deutsche Nationalbibliothek verzeichnet diese Publikation in der Deutschen Nationalbibliografie; detaillierte bibliografische Daten sind im Internet über http://dnb.d-nb.de abrufbar.

ISBN: 9783346265524
Dieses Buch ist auch als E-Book erhältlich.

Kritische Analyse von Grimms Märchen ´´Aschenputtel´´ und
Verfilmung von Uwe Janson

Yoganjana S. Menike

Inhalt

1. Einleitung

``So einfach sind die meisten Situationen, dass viele sie wohl im Leben gefunden, aber wie alle wahrhaftigen doch immer wieder neu und ergreifend. Die Eltern haben kein Brot mehr, und müssen ihre Kinder in dieser North verstoßen, oder eine harte Stiefmutter lässt sie leiden``
(Grimm:1812)

Grimms Märchen Aschenputtel (KHM 21) erzählt uns von den Qualen der Geschwisterrivalität, es berichtet davon, wie Wünsche verwirklicht werden, wie die Gedemütigte zu hohen Ehren gelangt, wie wahre Tugend erkannt und belohnt wird.[1] Der deutsche Film Aschenputtel von Uwe Janson wurde am 25. Dezember 2011 im Ersten ausgestrahlt und erreichte 2,62 Millionen Zuschauer. Märchen im Film und im Fernsehen sind Literaturverfilmungen.[2] In einer ARD Sendung behauptet, dass die 80% der Kinder die Märchen nur noch über die technischen Medien kennenlernten - Zahlenangabe, die allerdings stark überhöht erscheint.[3] Das heißt, die mediale Adaptionen von Märchen ist nicht mehr neugeborener Begriff.

Am Anfang der vorliegenden Arbeit stand die Frage: Wie sind die erkennbaren Merkmale und Funktion des Buchmärchens Aschenputtel? Damit gilt diese Arbeit in dem ersten Kapitel jedoch zu überprüfen: Wie macht die Darstellung der Handlung von Aschenputtel als Zaubermärchen überschaubar? Inwieweit lässt sich messen, ob die Märchenwesen und Schauplätze im Aschenputtel große Rolle spielen. In dem zweiten Kapitel versucht einen Überblick zu geben über die Bearbeitung der Verfilmung von Aschenputtel. Sie befasst sich mit der Regie und dem Drehbuch der Verfilmung. Wie sind der Anfang und der Schluss des Filmes? Welche Figurenkonstellationen sind im Film erkennbar und wie werden die Figuren beeinflusst? Ist der Inhalt des

---

[1] Solms 1999: 10.
[2] Erlinger 2007: 111.
[3] Sahr 2002: 75f.

Filmes gut zu verstehen? Wie haben die Schauplätze, bildliche Interpretation, Sprache und Kostüme gefallen? Sind die Musik, Geräusche und die Lieder im Film spannend gemacht?

Anschließend sollten die Ziele diese Arbeit im dritten Kapitel anhand der kritischen Analyse im Folgenden nachgewiesen werden.
1. Inwieweit können Grimms Aschenputtel und Jansons Aschenputtel voneinander abgewichen werden?
2. Wird eine plausible Veränderung in der Verfilmung durchgeführt?
3. Ist die Übertragung des Märchenstoffes vom Medium`` Buch`` auf das Medium ´´Film´´ legitimiert?

Ausgehend von der Darstellung von Jansons Aschenputtel wird eine Schlussfolgerung im vierten Kapitel kritisch dargestellt, inwieweit diese Verfilmung noch mehr verbessert werden kann, welche Szene noch mehr gut verfilmt werden können und wie gut die verzichteten Szenen ergänzt werden können.

Nach sorgfältiger Literaturrecherche bin ich zu dem Schluss gekommen, dass die Forschung, die ich durchführen möchte, ist eine empirische sowie eine qualitative Forschung. Als Methodik, um die von mir gewählten Quellen zu erschließen, habe ich mich für die Methoden der problemzentrierten Literaturuntersuchung wie Bücher, Webseiten, Forschungsartikeln und authentische Filmkommentare der Zuschauer entschieden.

2. Grimms Aschenputtel (KHM 21)

Im Laufe der Geschichte wurden die ursprünglich oral tradierten Märchen gesammelt und niedergeschrieben. So entstand das Buchmärchen. Leider wurden die Märchen beim Aufschreiben verändert, die Sammler nahmen sich viele dichterische Freiheiten heraus.[4] Infolgedessen ist der Originaltext von Grimm'schen Buchmärchen *Aschenputtel* für diese Arbeit ausgewählt.

Das Märchen *Aschenputtel*, wie sie wohl in Deutschland am meisten als ein wunderschönes Kinder- und Hausmärchen von Brüder Grimm bekannt ist, findet sich vor allem in Nord-, Mittel- und Osteuropa, wobei das Schönheitsideal des kleinen Fußes die Herkunft des Märchens aus dem orientalischen Raum nahe legt.

Aschenputtel gehört zur Kategorie Zaubermärchen, weist aber auch sehr starke Bezüge zur Wirklichkeit auf. (z. B. missgünstige Familienangehörige, scheinbar unlösbare Aufgaben im Alltag, Befreiung aus schwierigen Umständen) Bruno Bettelheim referiert in seinen Analysen, in einem lebendigen, dem Ton der Märchen nachempfundenen Stil den Inhalt der Märchen. So schreibt er *Aschenputtel* als eine ...simple Gesichte ... `Aschenputtel `erzählt uns von den Qualen der Geschwisterrivalität; es berichtet davon, wie Wünsche verwirklicht werden, wie die Gedemütigte zu hohen Ehren gelangt, wie wahre Tugend erkannt und belohnt wird, auch wenn sie unter Lumpen verborgen ist, und wie das Böse bestraft wird- eine scheinbar unkomplizierte Geschichte.``[5] Wilhelms Solms analysiert in seinen Werken Aschenputtel tatsächlich als "fromm und gut", denn sie hat eigene gute Eigenschaften gegen die Bosheit und Grausamkeit der Stiefmutter und ihrer Töchter nicht verwendet. Sie bleibt immer neutral und mutig.

---

[4] Heinzl 2008:11
[5] Bettelheim 2002: 278f

2.1 Handlung

Aschenputtel als ein europäisches Märchen ist Lüthi zufolge einerseits ``handlungsfreudig``. Es neigt zu raschem Fortschreiten und zu knapper Benennung der Figuren und Requisition; Beschreibungen und Schilderung der Umwelt oder Innenwelt seiner Gestalten sind selten.[6] Andererseits ist die Handlung im Aschenputtel als ein Zaubermärchen der Weg der Heldin zum Glück. Alle anderen Figuren sind auf ihren Weg bezogen, sei es als Auftraggeber, Helfer, Behindere, Konkurrenten oder als Partner, den sie am Ziel gewinnt.[7] Der Anfang Grimm'schen Aschenputtel wird das melancholische Bild im Kopf der Leser gezeichnet, dass die Mutter von Aschenputtel ihr Ende herankam, rief sie ihr ans Bett und ``Liebes Kind, bleibe fromm und gut, so wird dir der liebe Gott immer beistehen, und ich will vom Himmel auf dich herabblicken, und will um dich sein``. In diesem Sinne legt die sterbende Mutter ihrer Tochter nahe, stets fromm und gut zu sein, und versichert sie ihres mütterlichen Schutzes über das Grab hinaus. Gut und fromm zu sein heißt im Märchen dem anderen nicht zu schaden, seinem Glück nicht im Weg zu stehen, wie man umgekehrt erwartet, dass auch die andren das Eigene Glück nicht selbstsüchtig verhindern.[8]

Die Märchenhandlung neigt dazu, sich in einem Zweier –und Dreierrhythmus auszufalten. Viele Märchen sind zweiteilig: Vor und nach dem Gewinn von Braut oder Bräutigam werden oder Heldin des Preises beraubt oder geraten in einen neue Notlage, die sie bewältigen oder aus der sie gerettet werden müssen. Von dieser Tendenz zur Zweiteiligkeit abgesehen neigt das Märchen zur Darstellung des Gesehenen in drei Abläufen.[9] Infolgedessen sind die folgenden Handlungsfelder relativ plausible, Grimm'schen Aschenputtel zu verdeutlichen. Die Handlung besteht also aus drei Teilen.

---

[6] Lüthi 2004: 29.
[7] Solms 1999: 14.
[8] Freund1996: 65.
[9] Lüthi 2004: 26ff.

A. Ausgang : Der Tod der Mutter

Das ist ein realistischer Ausgang, denn diese Erfahrung ist immer wiederkehrende Erfahrung in Zeiten hoher Frauensterblichkeit aufgrund der unkontrollierbaren Risiken bei der Geburt und der unverhältnismäßig hohen Arbeitsbelastung gerade der Frauen. Grimm schildert das Unabänderliche ohne Rührseligkeit und ohne zu hadern. Konflikt Situation, die zum Aufbruch des Helden führt. Aschenputtel muss zu Hause `` schwere Arbeit tun`` und darf trotz des Versprechens der Stiefmutter nicht mit aufs Fest.

B. Handlungskern : Hinderung, Lösung und Überwindung
   i. Auslesen der Linsen aus der Asche durch die Tauben
   ii. Teilnahme am Fest und Tanz mit dem Königssohn mittels der vom Haselbaum geschüttelten Kleider und Sich verstecken im Taubenschlag und auf dem Birnbaum
   iii. Bestehen der Schuhprobe unter Mithilfe der Tauben

C. Ende: Zuteilwerden des Glücks in Form von Schönheit, Macht und Reichtum. Aschenputtels Verlobung mit dem Prinzen und Blendung der Stiefschwestern.[10]

Obwohl diese schematische Darstellung die Handlung des Märchens Aschenputtel überschaubar macht, erläutert aber nicht, warum Aschenputtel Hilfe fordert und erhält, wem sie die schönen Kleider verdankt, weshalb sie sich nach dem Fest versteckt und wodurch sie schließlich die Hand des Prinzen gewinnt? Solms ist in der Meinung, dass es also nicht der Handlungsverlauf ist, sondern die Logik, die der Handlung zugrunde liegt, aus der sich die Lehre des Märchens ergibt.

---

[10] Solms 1999: 14.

2.2 Merkmale und Funktion

2.2.1 Titel

Wie das Märchen als ´Aschenputtel´ bezeichnet ist, weiß scheinbar jeder, der das Märchen schon gelesen hat. In den Grimms eingefügten Wörtern steht der Grund dafür ``*Und weil es darum immer staubig und schmutzig aussah, nannten sie es Aschenputtel.*`` Dem Namen nach ist ein `Aschenputtel` ´´die in der Asche wühlende, sich wälzende Küchenmagd, ein geringfügiges unreines ´´Mägdlein´´- ´´passeln´´ oder ´´pöseln´´ im Sinne von ´´mühsam suchen´´ und ´´sölen´´ = sudeln, ``im Schmutz verderben.´´[11] steckt im Wort. Aber die Bezeichnung Asche im Namen findet sich nur im europäischen Raum (*Cinderella, Cendrillon, Cenerentola,* Aschenputtel usw.) und scheint etymologisch auf *griech achylia* (Asche) und *pouttos* oder *poutti* (weibliche Geschlechtsteile) zurückzugehen. Der griechische Name *Achylopouttoura* bezeichnet in den heutigen Märchenfassungen eine Frau, ´´die sich immer am Feuer aufhält, eigentlich jedoch eine Katze, die in der Asche des Herdes sitzt und unten schmutzig ist."[12] Dieser Name beschreibt nur die Außenseite des Mädchens. Aber im Laufe des Märchens sieht der Leser den Kontrast zwischen äußerer Erniedrigung und innerer Berufung, zwischen Ausgangsbedienung und Ziel, zwischen Schicksalsungunst und Herzenssehnsucht bestimmt den Kern der Aschenputtels Gestalt. Infolgedessen ist Augen Drewermann in der Meinung, dass das Grimm´sche Märchen, nicht ``Das Aschenputtel``, sondern `` Die Aschenkönigin`` deshalb eigentlich heißen müsste, um die Spannung seines Hauptmotives wiederzugeben.

---

[11] Bolte/Polivka 1913: 182.
[12] Rainer 1999: 39.

2.2.2 Der Anfang

Natürlich kennt jeder den typischen Anfang der grimmschen Kinder- und Hausmärchen, die in der Regel mit *Es war einmal* eingeleitet. Aber dieses Merkmal findet nicht in fast allen Märchen von Grimms. Einige Märchen beginnen mit einem Problem, das wie beispielweise in *Dornröschen und Brüderchen und Schwesterchen* erschienen wird. ``*Einem reichen Manne, dem wurde seine Frau krank, und als sie fühlte, dass ihr Ende herankam...*`` Der erste Satz in ``Aschenputtel`` dreht die Realität des Lebens zwischen dem Reichtum und der Mütterlichkeit. Was geschieht, so lautet entsprechend der Einleitung der grimmschen Erzählung die Kernfrage, wenn einem Kind unter den genannten Voraussetzungen die Mutter stirbt? Es zählt zu der eigenartigen Genauigkeit des grimmschen Märchens, dass es den Tod der Mutter keinesfalls als jähen Unfall, als ein unvorhersehbares Unglück, sondern als einen im Grunde wohl vorbereiteten Abschied darstellt.[13] Immer wieder bei der Auslegung von Märchen oder märchenmalen Erzählungen gilt die Regel der ``Zeitzerdehnung``.[14] Was Erzählungen dieser Art als eine Momentaufnahme abbilden, ist am besten zu verstehen als ein Prozess, der im wirklichen Leben Jahre in Anspruch nehmen kann, weil Aschenputtels Mutter nicht an einem bestimmten Tage krank wird und bald danach stirbt, sondern dass Krankheit und Todesdrohung das Grundgefühl eines `Aschenputtels´ über viele Jahre seiner Kindheit bestimmen, mit all der Widersprüchlichkeit der Gefühle , die sich daraus ergibt. Für das Märchen ist diese Trauer Ausdruck der Treue dieser Tochter zur Mutter, die schließlich reich belohnt wird.

2.2.3 Märchenwesen

Der bunte Reigen dieses Märchen ist vom typischen Personal bevölkert: sprechende Tiere wie Tauben, Gute Figuren wie abwesender Vater, König und der Prinz und Böse Figuren wie Stiefmutter und ihre zwei Töchter. Damit erkennt man die zentrale handlungsmotivierende Hauptfigur

---

[13] Drewermann 1993: 24.
[14] Bolte/Mackensen 1930:133.

9

Aschenputtel, während die Nebenfiguren Stiefmutter, ihre zwei Töchter, den Prinz und den König erschienen werden. Als ein anderes Merkmal der Märchen haben Märchenfiguren weder eine Beziehung zur Vergangenheit oder Zukunft und sie haben keine Biografie. Oft besitzen sie keine bestimmten Namen oder Namen, die sie durch ein bestimmtes Merkmal kennzeichnen. Hier hat nur das Mädchen bestimmten Name heißt Aschenputtel, weil es darum immer staubig und schmutzig aussah.

In diesem Märchen sind Gut und Böse klar voneinander getrennt. Die Behauptung ''Das Gute gewinnt'' realisiert durch die Märchenheldin dank der Hilfe von zwei hilfreichen Tauben (Magische Helfer). Das heißt, oft erhalten Märchenfiguren eine besondere Gabe, die es ihnen ermöglicht, die Auseinandersetzung mit den Gegenspielern zu bestehen und ihr Ziel zu erreichen. Die andere Behauptung `das Böse verliert´ wird durch die Grimms Wörter *''Und waren sie also für ihre Bosheit und Falschheit mit Blindheit auf ihr Lebtag gestraft''* hervorgehoben. Das heißt, ''dualistische Gruppierung wie arm- reich, gut- böse, schön- hässlich '' steht in diesem Märchen im Vordergrund.

Wenn die Märchenhelden die Probleme haben, treten die in fast allen Märchen über irdischen Helfer auf und stellen außerdem noch besondere Wundergaben zur Verfügung. Aber die Helfer und Wundergaben stehen nur den Helden zu. In diesem Märchen ist der Haselbaum wie einen Nothelfer, als Aschenputtel zu dem Haselbaum ging und sprach „*Bäumchen, rüttel dich und schüttet dich, wirf Gold und Silber über mich. ´ Da warf der Vogel ein noch viel stolzeres Kleid herab, als am vorigen Tag''*. Das Grab der Mutter, mit dem Baum darauf, ist das geheime und magische Zentrum des ganzen Märchens, zu dem zunächst nur Aschenputtel Zugang hat. Seit der Baum dort wächst, ist die Mutter von Aschenputtel für sie nicht mehr tot, sondern lebendig wie eine ''Muttergöttin''.[15]

---

[15] Wöller 1984: 21ff

Nicht die Darstellung von Figuren und Schauplätzen steht in diesem Märchen im Vordergrund sondern das Geschehen, der Ablauf der Handlung.

'' Das Mädchen ging jeden Tag hinaus <u>zu dem Grabe</u> der Mutter[...]'' ''sondern musste sich <u>neben den Herd</u> in die Asche legen[...]'' ''lachten und führten es <u>in die Küche</u>[...]'' `` Als er <u>nach Hause</u> kam[...]`` ``und allemal kam ein weißes Vöglein <u>auf den Baum</u> [...]`` '' ging <u>zu seiner Mutter Grab</u> [...]'' `` Das Mädchen ging <u>durch die Hintertüre nach dem Garten</u> [...] ``[...]ging <u>zur Hochzeit</u>.'' ``Sie entwischte ihm aber und sprang in das Taubenhaus. `` (Grimm: KHM 21)

Durch diese unterstrichenen Wörter werden die Schauplätze in diesem Märchen beispielsweise verdeutlicht. Die ganze Geschichte dreht um zwei stereotypen Hauptschauplätzen wie das Aschenputtels Haus, und den Schloss. Die Grabe der Mutter und der Haselbaum können stereotype Requisiten erkannt werden.

2.2.4 Die Sprache

Die Märchensprache enthält eine gewisse Formelhaftigkeit und wiederkehrende Formulierungen. So gibt die Sprache dem Märchen auch Struktur. Der Eingang von diesem Märchen ist auch formelhaft im Präteritum erzählt. *''Einem reichen Manne, dem wurde seine Frau krank, und als sie fühlte, daß ihr Ende herankam, rief sie ihr einziges Töchterlein zu sich ans Bett und sprach [...]''* (Grimm:KHM 21) Zum Glück von Aschenputtel konnte sie die Braut des Prinzess am Ende werden, während zwei Schwestern für ihre Bosheit und Falschheit mit Blindheit auf ihr Lebtag gestraft waren, da pickten die Tauben einer jeden das eine Auge aus. Das ist ein typisches Ende von Grimm'schen Märchen. Böse Figuren werden gestraft und Gute Figuren werden gewonnen.

Grimms symbolhafte Sprachkennzeichnen wird in diesem Märchen durch Weiße Täubchen ermittelt. Im Volksglauben ist ein weiße Vöglein oder eine weiße Taube ein Seelenvogel, in dem sich der Geist eines Verstobenen zeigt. So knüpft Aschenputtel die Beziehung zu ihrer Mutter immer enger, identifiziert sich immer entschlossener mit ihr und wächst selbst daran. Erscheinender weißer Vogel ist ein Sinnbild für das innere Wachstum von Aschenputtel.[16]. Die Farben ´gold und silber´ können stereotype Farben nach Schweikle & Schweikle beobachtet werden. Als Aschenputtel ersuchte um gold und silber, warf der Haselbaum ein golden und silbern Kleid herunter und mit Seide und Silber ausgestickte Pantoffeln. Damit wurde dem Leben von Aschenputtel erstmal zum Glück gebracht. Nicht nur symbolhafte Sprache sondern Reimwörter werden das Märchen wunderschön garniert.

´Die guten ins Töpfchen, *Die schlechten ins* Kröpfchen.*´´ "Bäumchen,* rüttel *dich und* schüttel dich, *Wirf Gold und Silber über* mich*´´ "Rucke di guck, rucke di* guck, *Blut ist im* Schuck. *(= Schuh):*
Der Schuck ist zu klein, Die rechte Braut sitzt noch daheim." (Grimm: KHM 21)

2.2.5 Das Ende

In Märchen treten zauberhafte Szenen auf, und magische Artefakte mit magischen Wirkungen kommen ebenfalls vor. Die Zaubermärchen führen vor, dass derjenige, der sich trotz allem, was ihm zustößt, als tugendhaft erweist, zuletzt das Glück gewinnt. Die Märchen fallen die Tugendhaftigkeit und Glück zusammen.[17] In *Aschenputtel* konkretisiert sich die Tugendhaftigkeit und Glück am Ende des Märchens, genauso wie in Märchen *Brüderchen und Schwesterchen* oder im *Hänsel und Gretel*.

Meiner Meinung nach ist das Ende von diesem Märchen auch eine Magie, obwohl Märchen typischer glücklicher Schluss betrifft. Durch die Wörter von Tauben wird nicht nur falsche Braut sondern wahre Braut erkannt. Gleichzeitig nimmt die Grimm´sche Fassung ein erschreckendes Ende, das knallhart verdeutlichen soll, wohin Bosheit und Selbstsucht führen können: Die Stiefschwestern hacken ihre eigenen Zehen und Fersen ab,

---

[16] Wöller 1984: 51ff
[17] Solms 1999: 225.

nur um in den Schuh zu passen und den Prinzen für sich zu gewinnen. Als Strafe verlieren sie ihr Augenlicht. Der drastische Triumph des Guten über das Böse zeigt, wie wichtig Güte und auch Stärke im Leben sind und wie schwerwiegend boshaftes Verhalten bestraft werden kann. Grimms unterrichten durch dieses Ende, dass die Treue belohnt wird, führt alles zum Glück.

3. Aschenputtel als Verfilmung

Die Verfilmung von Märchen ist keine einfache Arbeit, wie man denkt. Seitdem es medialen Erfolg gibt, werden die Märchen in die Filme wie die Zeichentrickfilme, Computeranimation, Silhouetten Filme und Legetrick, Puppentrickfilme, experimentale Filme und Realfilme transformiert. So liegt es auf der Hand, dass vor allem Zaubermärchen verfilmt wurden, dieser Trend ist bis heute bemerkbar[18]. Infolgedessen gibt es Märchenverfilmungen heutzutage in Hülle und Fülle. Am 25. Dezember 2011 wurde der deutschen Märchenfilm *Aschenputtel* im Ersten als einen Realfilm ausgestrahlt und ist 2,62 Millionen Zuschauer erreicht. Dieser Spielfilm ist eine Regie von Uwe Janson und ein Drehbuch von David Ungureit. Die Handlung beruht auf dem gleichnamigen Märchen der Brüder Grimm und wurde vom WDR für die ARD-Reihe *Sechs auf einen Streich* produziert. Das Märchen an sich hat eine Laufzeit von 60 Minuten.

3.1 Inhaltliche Annäherung : kleine Zusammenfassung

Es war einmal ein Mädchen, dem war die Mutter gestorben. Die neue Stiefmutter und ihre Tochter behandeln sie schlecht seit dem Tod ihres Vaters vor fünf Jahren allerdings wie eine Magd und lassen sie in Asche schlafen. Sie sollte von morgens bis abends alle schwierigen Arbeiten zu Hause machen. Ihre Stiefschwester hat keine Gnade für Aschenputtel. Wenn Aschenputtel immer Zeit hätte, bleibt sie vor dem Grabe der Mutter. Sie denkt immer, dass ihre Mutter noch lebendig ist. An einem Tag im Wald traf sie einen jungen Jäger, ahnte es nicht, dass er der Prinz Viktor ist. Und als der Königsohn sich eine Braut suchen soll, da ist er

---

[18] Heinzl 2008:10.

längst verzaubert von Aschenputtels anmutiger Art. Am Ende konnte sie wahre Braut des Prinz Viktor zum Glück werden.

3.2 Formale Annäherung: Figurengestaltung

Der WDR verfilmte den Märchenklassiker *Aschenputtel* mit Aylin Tezel in der Titelrolle. Der Film erzählt das Märchen der mutigen jungen Frau, die sich allen Bosheiten zum Trotz nicht unterkriegen lässt. Die Regie dreht immer, die Schönheit, die Zartheit und die Tugend von Aschenputtel zu vermehren, während Aschenputtel beim vielen starken Arbeiten engagiert. Einmal muss sie fünf von den häuslichen Ferkeln zum Wirtshaus ins Dorf bringen, wo sie für jedes Ferkel einen Taler erhält. Kurz darauf macht sich Aschenputtel mit ihrem Esel Nepomuk auf zum Wirtshaus. Auf dem Weg im Wald kippt ihr Karren mit den Schweinen um und sie landet im Matsch Nachdem Hinfallen im Wald kommt Aschenputtel nach Hause. Wegen eines verlorenen Ferkels wird Aschenputtel von Stiefmutter geschimpft und bestraft. In dieser Szene wird Aschenputtel aggressiv. Die Dialoge einmal zwischen Aschenputtel und der Stiefmutter und ein anderes Mal zwischen Aschenputtel und der Stiefschwester sind unübertroffen. Hier spricht Aschenputtel zur Stiefschwester ganz brav, um alles zu verdeutlichen. Aschenputtel hat eine beste Freundin in diesem Film heißt *Johanna* (Anna Brüggemann). Sie beiden helfen miteinander im Laufe des Filmes. Andere Mitarbeiter, die im Hof arbeiten, sind sympathisch. Infolgedessen spricht niemand ein Wort gegen Aschenputtel. Sie hat noch eine beste Freundin. Sie ist eine magische weiße Taube und kommt zu ihr im Notfall. Damit bringt sie ihr immer das Glück.

Der Filmeinstieg von ″Aschenputtel″ beginnt mit dem Schreien der Stiefmutter und ihrer Tochter. Ihre Stiefmutter *Barbara* (Barbara Auer) führt am väterlichen Hof ein hartes Regiment. Barbara Auer ist mit ihrer

Verkörperung der Stiefmutter als abgrundtief böser Frau eine klassische Umsetzung kindlicher Fantasien. Die Dame ist durch und durch negativ und hat nicht einen Funken Anstand im Leib. Nur eine Tochter namens *Annabella* (Pheline Roggan) der Stiefmutter spielt in diesem Film, obwohl im Grimms Aschenputtel zwei böse Töchter im Vordergrund stehen. Ihre Tochter steht ihr in nichts nach. Da fällt es Aschenputtel leicht, zur Sympathieträgerin zu werden.

Der Prinz *Viktor* (Florian Bartholomäi) ist der Thronfolger des Königreichs. Eines Tages ist er im Wald zum Jagen. Hier trifft er plötzlich Aschenputtel. Sie bemerkt dabei aber nicht, dass er der Prinz ist. Wegen seines Irrtums sollte Aschenputtel in den Matsch landen. Deswegen sieht Aschenputtel hier so gruslig aus. Wegen seines Fehlers hilft der Prinz zu Aschenputtel, die verlorenen Schweine wieder aufzuladen und den kaputten Karren zu reparieren. Bis auf ein Ferkel können sie zusammen alle wieder einfangen. Mit dem Verhalten von Prinz Viktor erkennen die Zuschauer ihn als eine sympathische und innige Person. Fast in jedem Märchen kommt der Prinz mit guten Eigenschaften wie hilfsbereit, tugendhaft und innig in den Vordergrund, genauso in *Dornröschen* und *Froschkönig*.

Der König *Klemens* (Harald Krassnitzer) ist der Vater von des Prinz Viktor. Das erste Szenenbild im Schloss ist ein gutes Beispiel für die freundliche Väterlichkeit. König Klemens entscheidet sich, dass der Thronfolger endlich eine Frau nehmen soll. Die Rolle vom König spielt in diesem Film etwas Witziges.

3.3 Erzählsituation

Die Erzählsituation des Filmes lässt sich mit der Übertragung von Märchen spezifischen Gestaltungsformeln wie Eingangsformel, Wiederholungsformel, Dreizahl und Schlussformel analysieren. In diesem Film sieht man keine typische Märchen spezifische Eingangsformel. Denn hier findet kein Erzähler oder extra involvierte Person, einen typischen Anfang des Märchens wie ``Es war einmal.... `` einzuführen. Dieser Märchenfilm beginnt mit dem musikalischen unterlegten Blick auf der wunderschönen grünen Wiese mit der Frau *Aschenputtel*. Im Weiteren findet sich die erste Szene im Haus und Hof von *Aschenputtel*, indem viele Mitarbeiter mit eigener Arbeit engagieren, während *Aschenputtel* am verwitterten Grabstein seiner verstorbenen Mutter kniet, erinnert das an romantisierende Holzstiche der Märchenillustratoren 1790-1863) oder Ludwig Richter (1803-1884).[19] Perspektivisch dominiert die Außensicht, direkte, subjektive Einblicke in die Innenwelt der Charaktere. Aber kein Erzähler stellt die Charaktere dar.

Den Gefühlen, Gedanken der Figuren nähert sich der Film sonst nur noch indirekt (über das Schauspiel in Verbindung mit Nahaufnahmen, musikalisch- atmosphärische Untermalung..) an. Der Film orientiert sich weniger an Aschenputtels Gerechtigkeit als das Märchen. Zum Beispiel sieht Jansons Aschenputtel ein bisschen aggressiv und ungehorsam in einigen Szenen.

Nur eine Textzeile *"Bäumchen, rüttel dich und schüttel dich, Wirf Gold und Silber über mich_(Grimm: KHM 21)"* aus dem Originaltext wird ebenso in diesem Film wiederholt. Die Widerholungsformel stellt hier auch kaum dar, während keine Kennzeichnen für die Dreizahlformel vorgestellt werden. Der Schluss von Märchen ist eigentlich typisch mit dem glücklichen Ende von Zaubermärchen. Die Hauptfigur wie die Heldin oder der Held wird immer am Ende des Märchens das Glück gewonnen. In diesem Märchen wird dieses typisches Ende durchgeführt, das heißt, die Hauptfigur

---

[19] Schlesinger 2013:1

Aschenputtel wird von dem Prinz als eigene Braut ins Schloss mitgebracht und die andere Mitarbeiter laufen ins Schloss, die Hochzeit zu feiern. Der Film endet auch wie er anfängt: mit dem musikalischen unterlegten Blick auf der grünen Wiese, auf die *Aschenputtel* und Prinz Viktor mit allen Mitarbeiter des Hofs ins Schloss laufen. Außerdem führt der Film mit einer Kennzeichnung der Unglaubwürdigkeit durch. Aschenputtel erhält die mittelalterlichen Kämme zwei Mal aus der weißen Taube, wenn sie vor dem Grabe der Mutter unter dem Haselbaum sitzt. Bevor dem Ball zu gehen, bietet *Aschenputtel* Gold und Silber aus dem Haselbaum. Dann wandelt er sie als eine schöne Frau mit weißem Kleid und roten Pantoffeln um. Die weiße Hose erscheint daneben, um sie ins Schloss zu bringen. Einige Realfilme werden solche magische Szene vermieden oder verlassen, um den Inhalt mit der Realität anzupassen. Aber in diesem Film gibt es keine Veränderung oder Vermeidung der magischen Situation. Der Regisseur hat mehr ungläubige Szene als das Märchen hinzugefügt.

Aschenputtels Eigenschaft, mit der Taube sprechen zu können, ist etwas ganz Natürliches. Sie erstaunt nicht über zwei Kämme, neue Kleidung und Pantoffeln und weiße Hose. Das heißt, was in diesem Film Wunderbares vorkommt, ist es noch möglich die „Eindimensionalität" aufrecht zu erhalten.

3.4 Filmsprache und Filmmusik

Laut der Definition von Klaus Klanzog werden die Sprache, Musik und Geräusche als akustisches Zeichnen vom Film beschrieben. Die sind filmische Bedeutungseinheiten. Damit erkennt man, welche Funktion die Sprache, Musik und Geräusche in einem Film spielen. Die Sprache von diesem Film drückt hohe Bildhaftigkeit aus und sie ist nicht total unabhängig vom Buchmärchen, denn einige Zitate werden aus dem

Märchentext völlig übergenommen. Die Zitate wie ``Die guten ins Töpfchen, Die schlechten ins Kröpfchen´´, ´´ Bäumchen, rüttel dich und schüttel dich, Wirf Gold und Silber über mich. ´´ und "Rucke di guck, rucke di guck, Blut ist im Schuck. Der Schuck ist zu klein, Die rechte Braut sitzt noch daheim´´ sind ohne Veränderung übergenommen.

Aschenputtel sollte am anderen Tag drei Säcke Mehl durch den Wald bugsieren. Hier trifft es auf Prinz Viktor, der sich aber als Jäger ausgibt. Die meisten Filmkritiker glauben, dass mit dem Ferkel als Glücks- und Erfolgssymbol sowie weißem Mehl als Zeichen von Reichtum der Aschenputtels Zukunft bildlich vorhergesagt wird. Aber die Filmhandlung verfängt sich nicht im Symbolismus. [20]

Die Musik unterschützt dem Film, um deutliche Verfilmung zu drehen und die Szenen musizieren. Das ist eine Perle einer Kette. Die Filmmusiker ist von diesem Film Michael Klaukien. Er hat vierundzwanzig verschiedene Musiktöne für den Film neu verfasst. Der Filmtrailer hat auch wunderschöne Musikverbindung. Jeder Ton hat Szene spezifische Bedeutung. Zum Beispiel ´´ Aschenputtel Title Musik, das Schloss, der König und der Prinz ,Er hat so schöne Augen, Aschenputtel muss schuften, Die böse Stiefmutter kontrolliert, Verliere nicht den Mut, Der Prinz hat die Hosen voll, Linsen und Erbsen, Helft ihr Täublein, Das Mehl und das Bogenschießen mit dem Prinzen ,Das Liebesmotiv usw.´´ sind großartig. Die Einstiegmusik ist wunderschön. Aber die Musik für den Ball im Schloss wie Volta und Polka sind viel Mal kritisiert, denn mit dieser Musik wird diese Szene mit dem modernen Tanzarten durchgeführt. Damit ist diese Szene des Films historisch und anhaltisch falsch geworden.

---

[20] Siehe Abbildung 02

3.5 Die Gestaltung der Kostüme und der Requisiten

Die Kostüme stellen einen wichtigen Baustein bei der Historisierung eines Märchenfilms dar. Damit lässt sich äußeres Aussehen der Charaktere beleuchten. Die Kostümbildnerin Petra Neumeister hat große Rolle hinter der Kulissen gespielt. Hier zieht man fast alle Märchenrequisiten im Mittelalter. (Siehe Abb. 2.1) Modische Anti-Accessoires verpassen zudem Stiefmutter und Stiefschwester Annabella, die auch ihren bösen Charakter widerspiegeln. So dominieren zum Beispiel dunkle Farben und hohe Krägen im Outfit der Stiefmutter, wobei der Kragen hier auch für Hochmut, Arroganz und Machtstreben steht.

Abbildung 2.1   Abbildung 2.2

a) Aschenputtel   b) Annabella

Die Requisiten, die schon für den Film verwendet sind, sind beispielsweise altmodisch, während sie bürgerlichen Familienstandard symbolisieren. Nicht nur die Küchensachen wie die Teller, Töpfchen, Kätzchen und Besteck, sondern Schmuck wie Ketten und die Schuhe, Wagen wie Pferdewagen und andere Karren spielen auch sehr wichtige Rolle. Als die Leser von Aschenputtel haben wir eine Darstellung im Kopf (Siehe Abb. 2.2) In dem Film sieht sie ähnlich aus.

Abbildung 2.3

Darstellung von Alexander Zick

Abbildung 2.4

Aschenputtel im Jansons Film

In einer Filmanalyse kann die Montage nicht vergessen werden. Denn die Montage ist bekannter Weise das sinngebende Element filmischer Gestaltung. Sie gestaltet zum einen Handlungskontext und Handlungsführung vordergründig sinnvoll.[21] Dies lässt sich an einigen Szenen wie Aschenputtel in der Küche, im Wald und im Ball eindrücklich aufzeigen, wobei der Begriff der Montage, hier über die Verknüpfung einzelner Einstellungen hinausgehend, auch die Verknüpfung filmische Einheiten meint. Die Montage für die Szene im Wald ist ganz hervorgehoben, denn sie findet ein bisschen übernatürlich. Aschenputtel landet im Matsch wegen des gekippten Karrens. Aber die Umgebung des Waldes in dieser Szene sieht nicht so matschig oder nass aus. Nachdem Hinfallen wird das Gesicht von Aschenputtel sehr schlammhaltig.[22] Das schlammverschmierte Aschenputtel macht den Film meiner Meinung nach witzig.

Indieser Szene ist Aschenputtel am ganzen Körper voller Mehl, denn ein Missgeschick passiert ihr erneut. Hier öffnet einer der Mehlsäcke plötzlich und sie bestäubt von oben bis unten einem Gespenst gleicht. Hier hat sie eine weiße Mehldusche wie Schnee. Hier sieht ihr Gesicht eines Geistes und bizarr aus. Damit bin ich in der Meinung, dass Maskenbildnerin

---

[21] Gast/Deiker 1993:11
[22] Siehe den Anhang Bild 05

Juliane Hübner eigene Arbeit nicht genug gelungen hat, obwohl sie sich die Anderen befriedigt geschminkt hat.

4. Vergleichende Betrachtung von Grimms Aschenputtel und Jansons Aschenputtel

Mit folgender Tabelle lässt sich die Handlung im Grimm'schen Aschenputtel und Jansons Aschenputtel gut vergleichen, was Janson aus dem originellen Märchentext übernommen hat und was im Märchenfilm hinzugefügt bzw. verändert.

Abb. 3.1

Stationen im Märchentext	Stationen im Märchenfilm
Ein weißes Vöglein	eine weiße Taube
Kein Esel	Ein Esel Nepomuk
Zwei Stiefschwestern	eine Stiefschwester- *Anabella*
Vor dem Ball hat *Aschenputtel* nie mal den Prinz getroffen	Zwei Mal im Wald haben sie miteinander getroffen
Aschenputtel trifft den Prinzen auf drei aufeinanderfolgenden Abenden während eines Balls	Nur an einem Tag findet der Ball statt.
Keine Freundin hat *Aschenputtel*	*Johanna* ist die Freundin von *Aschenputtel*
Keine andere Mitarbeiter im Hof	Viele Mitarbeiter im Hof
Der Haselbaum schenkt keine Geschenke vor dem Ball	Der Haselbaum schenkt zwei Kämme zwei Mal
Goldenes -Silber Kleid	Weißes Kleid mit roten Blumen
mit Seide und Silber ausgestickte Pantoffeln	Rote Pantoffeln
Aschenputtel geht zur Hochzeit	Sie reitet eine weiße Hose
Aschenputtel sprang in das Taubenhaus am Abend	Die Stiefmutter und Stiefschwester haben sie ins Wasser gedrängt

Erfüllt bei den Grimms am Grab der Mutter nur ein "weißes Vöglein" Aschenputtels Wünsche, so ist es im Märchenfilm eine weiße Taube. Im Märchenfilm lebt die Seele der verstorbenen Mutter in der weißen Taube weiter und erinnert Aschenputtel daran, an sich zu glauben. Nicht nur mit der Farbe Weiß wird auf ein Gott nahes Lebewesen verwiesen. In der christlichen Überlieferung soll sich zudem der Heilige Geist als weiße Taube gezeigt haben. Deswegen verwendet eine weiße Taube als eine filmische Symbolik.

Statt der zwei Stiefschwestern wird in diesem Film nur eine Stiefschwester vorgespielt, während einige unwichtige Rolle ´ Knecht Benno´ im Film vorspielt. Das Entfernen einer wichtigen Nebenrolle soll wirklich kritisiert werden. Denn diese Nebenrolle kommt im Laufe des Märchens bis zu Ende vor und die spielt große Rolle im Märchen.

Das erste Zusammentreffen von Aschenputtel im Film und Prinz Viktor befindet sich im ersten Kapitel. Wenn sie einmal im Wald war, trifft ein Jäger plötzlich. Der Jäger ist Thronfolger Prinz Viktor. Aber Aschenputtel weißt es nicht. Ihr Karren mit den Schweinen kippt auf dem Weg im Wald um und sie landet im Matsch. Dort erscheint sie ein bisschen witzig und komisch, denn sie steht total schmutzig dann vorm Prinz. Aschenputtel konnte dem Prinz wegen des kaputten Karrens befehlen, um wieder den Karren zu reparieren und die Ferkel zusammenanzufangen. Der Prinz hilft dafür ohne Sorge. Statt der stolzen kräftigen tapferen Prinzen solche hilfreiche unschuldige Prinzen findet es nicht sehr oft in der realen Welt statt. Infolgedessen ist diese Szene unrealistisch, obwohl dafür auch mehr Laufzeit vom Film übergenommen ist. Durch diese Szene im Wald und nächste Szene vor dem Haus von Aschenputtel wird Grimm'sches Aschenputtel völlig umwandelt. Hier spricht Aschenputtel ganz arrogant statt einer unschuldigen Frau. Aber im Märchentext verspricht sie ihrer Mutter, um immer fromm und gut zu bleiben und nicht böse zu sein. Im

Film sieht Aschenputtel ganz brav und stark aus. Sie spricht immer gegen die Stiefmutter und die Stiefschwester, um die Wahrheit anzuschauen. Im Gegensatz zur Grimm'schen Vorlage, in dem Aschenputtel den Prinzen auf drei aufeinanderfolgenden Abenden während eines Balls trifft und der Prinz Aschenputtel im Märchentext zum ersten Mal im Ball trifft .Aber im Film findet das Fest nur an einem Tag statt und bevor den Ball haben Aschenputtel und der Prinz getroffen. Und zwar zunächst nicht im Schloss, sondern zwei Mal im Wald. Diese zwei Szenen sind von Ungureit für das Drehbuch neu geschrieben. Damit wollte Janson den Film zweifellos romantisch verfilmen. Aber diese Szenen sind von meisten Zuschauer kritisiert, dass der Film vom Märchen sehr künstlich umgewandelt ist und echt unterhaltend und teilweise zum Schmunzeln ist. Im Film findet die Stiefmutter einen Kamm in dem Aschenputtels Kleid heraus, dann wird sie eine Diebin für einen Sterntaler. Mit dieser Szene wollte Janson vermutlich

drehen,   die Sympathie für die Hauptrolle zu erwecken. Im Gegensatz dazu schildert die Bosheit der Stiefmutter im Vordergrund. Zweifellos spielt die Schauspielerin Barbara Auer eigenen Charakter erstaunlich.

Im Märchentext steht eine symbolhafte Sprache beispielsweise mit den Wörtern Gold und Silber für das Reichtum und Glück. Statt eines golden und silbern Kleid mit Seide und Silber ausgestickten Pantoffeln kommt Aschenputtel mit einem weißen roten Blümchen Kleid und roten Pantoffeln in der letzten Schüsselszene im Film vor. Diese märchenspezifischen Requisiten sollte der Regisseur nicht im Film umwandelt. Im originellen Märchentext steht, dass Aschenputtel danach zur Hochzeit ging. Aber im Film erhält Aschenputtel eine weiße Hose zur Hochzeit. Es ist eine große Magie und große Umwandlung vom Original. Diese Szene ist auch inhaltlich falsch geworden. Der magische Haselbaum lässt sich nicht gut richtig erkennen, denn es läuft kein Schauspiel in Verbindung mit der Nahaufnahme.

Das Fest im Schloss zeichnet ein großes erstaunliches Fest im Leserkopf, wenn das Märchen vorgelesen wird. Im Unterschied zu sieht man kein großes Fest im Film. Das Fest findet erst Mal im Park des Schlosses mit wenigen Schauspieler mit gefasster Umgebung. Die Tanzarten, die im Film auf dem Ball erscheinen, sind sehr modern und sind moderne Musikstücke dafür verwendet.

Wenn Janson sich für solche Umwandlungen in der Verfilmung interessiert, hätte er den Filmtitle auch ein bisschen umwandeln. Wenn die Verfilmung aus dem Original viel abgewichen wird, wird gleicher Name für den Filmtitle nicht behalten. Wenn die Zuschauer den Filmtitel ''Aschenputtel`` vorlesen oder zuhören, erwarten sie eine Verfilmung des richtigen Grimm'schen Märchens *Aschenputtel*, denn das Märchen ist überall bekannt. Die Zuschauer erwarten nur einige plausible Veränderungen in einer Verfilmung statt der modernen hinzugefügten Szenen. Wenn eine Verfilmung das Original völlig unterbricht, schadet es den Bildern, die schon im Kopf der Leser haben. Dann wird die Übertragung des Märchenstoffes vom Medium`` Buch`` auf das Medium ''Film'' nicht legitimiert. Der Märchentext endet mit der großen Strafe für die Stiefschwestern. Wegen ihrer Bosheit sollten sie mit Blindheit auf ihr Lebtag bestrafen, denn die Tauben pickten beide Augen der Stiefschwestern aus. Vermutlich sollte man diese Szene wegen der großen Magie nicht richtig gut verfilmen. Da hat Janson/Ungureit völlig Recht, dass er sich entschieden, diese Szene zu entfernen. Diese kritische Analyse arbeitet auf, wie Grimms Aschenputtel und Jansons Aschenputtel voneinander abgewichen werden.

5. Fazit

Die Buchliteratur und Film erzählen eine Geschichte. Das Buch erzählt wortsprachlich und der Film ikonisch mit Bildern.[23] Wenn wir ein Märchen lesen und dann eine Verfilmung zu diesem Stoff sehen, sind wir meist enttäuscht. Die Verfilmung von Märchen sollte den Inhalt des Originaltextes nicht schaden lassen.

Es ist auf den ersten Blick verwunderlich, dass die einzigen Szenen des Films wie in einer Komödie erschienen werden, denn mehr als drei witzige Szenen sind divergent gestaltet. Nach Ron Schlesinger, Filmkritiker verbindet Janson ihre bildlichen Ideen mit Anleihen aus Slapstick-Komödien. Wegen der witzigen Szene sind einige Fernsender wie ARD den Film als Slapstickkomödie und TV- Komödie bezeichnet. Die Figuren sind nicht ironisch gebrochen, sondern im Gegenteil zugespitzt. Die Musik, die Kostüme und die Drehorte sind mit dem Film positiv angepasst. Der hat der andere durch seine Struktur-Szenenänderungen den ursprünglichen Inhalt zerstört. Das Märchen ist nur einen Rahmenhandlug für den Film. Vergnüglich sollte hier die Textgetreue Version am Meisten punkten. Fünfzig Prozent ist der Film als eine Verfilmung bewährt.

---

[23] Erlinger 2007: 111ff

Abbildungverzeichnis

01. Wasserburg Anholt und Freilichtmuseum Detmold[24]

02. Aschenputtel ist der vor dem Grabe der Mutter[25]

---

[24] Stotz. M. (2011). *Wasserburg Anholt und Freilichtmuseum Detmold* [Photograph].Rundfunk Berlin-Brandenburg, https://www.rbb-online.de/maerchenfilm/archiv/aschenputtel/schloss_anholt_und.html.

[25] Stotz. M. (2011). *Aschenputtel* [Photograph].Rundfunk Berlin-Brandenburg, https://www.rbb-online.de/maerchenfilm/archiv/aschenputtel/schloss_anholt_und.html.

Abbildung 2.1

Neumeister,P. (2011). *Aschenputtel- ARD Weihnachtsmärchen* [Photograph].
https://neumeister-costume.com/aschenputtel.html.

Abbildung 2.2

Neumeister,P. (2011). *Aschenputtel- ARD Weihnachtsmärchen* [Photograph].
https://neumeister-costume.com/aschenputtel.html.

Abbildung 2.3

Zick, A. (1975). *Wahrheitsliebendes Aschenputtel.* Märchen, Grot'scher Verlag, Berlin,
 cc by-nc-sa/3.0/de, https://m.bpb.de/gesellschaft/medien-und-sport/lokaljournalismus/150774/wahrheitsliebendes-aschenputtel.

Abbildung 2.4

Stotz. M. (2011). *Aschenputtel DVD* [Photograph]. Weltbild.
https://www.weltbild.ch/artikel/film/aschenputtel_17101687-1.

Literaturverzeichnis

Primärliteratur

1. Grimm, Jakob/Grimm, Wilhelm (1986): *Kinder-und Hausmärchen Band I,* Göttingen: Vandenhoeck & Ruprecht, S.88-101

2. Janson,Uwe (2011): *Aschenputtel- Märchenfilm DVD:* Deutschland, ARD/WDR/Telepool/6 auf einen Streich

Sekundärliteratur

1. Solms,Wilhelms (1999): *Die Moral von Grimms Märchen.* Darmstadt: Primums Verl., S.10, 225

2. Heidtmann (2007): *Von Dornröschen zum Shrek. Wandlungen des Märchenfilms.* In: Barsch, Achim und Peter Seibert (Hrsg.): Märchen und Medien. Baltmannsweiler: Schneider Verlag Hohengehren

3. Erlinger, Hans Dieter (2007): *Märchenverfilmungen im Fernsehen.* In: Barsch, Achim; Seibert, Peter (Hrsg.) S.111

4. Heidtmann (2007): *Von Dornröschen zum Shrek. Wandlungen des Märchenfilms.* In: Barsch, Achim und Peter Seibert (Hrsg.): Märchen und Medien. Baltmannsweiler: Schneider Verlag Hohengehren

5. Sahr, Michael (2002): *Zeit für Märchen. Kreativer und medienorientierter Umgang mit einer epischen Kurzform.* Baltmannsweiler: Schneider Verlag Hohengehren, S. 75

6. Bettelheim, Bruno(2002): *Kinder brauchen Märchen.* München: Deutscher Taschenbuch Verlag, S. 278

7. Johannes, Bolte / Georg, Polivka (1913) : *Anmerkungen zu den Kinder- und Hausmärchen der Brüder Grimm.* Leipzig: Dieterich, S.182

8. Drewermann, Eugen (1993): *Aschenputtel-Grimms Märchen tiefenpsychologisch gedeutet.* Düsseldorf: Walter Verlag, S.24

9. Solms,Wilhelms (1999): *Die Moral von Grimms Märchen,* Darmstadt: Primums Verl., S.14

10. Johannes, Bolte/Lutz, Mackensen (1930) : *Handwörterbuch des deutschen Märchens.* Berlin, S.133

11. Freund, Winfried (1996) : *Deutsche Märchen*, München: Wilhelm Fink Verlag, S.65

12. Gast, Wolfagang/ Deiker, Barbara (1993) : Film und Literatur 2, Frankfurt am Main : Moritz Diesterweg GmbH & Co. , S.11

13. Bastian, Ulrike (1981): *Die'' Kinder-und Hausmärchen'' der Brüder Grimm in der literaturpädagogischen Diskussion des 19. und 20. Jahrhunderts.* Frankfurt/Main :Haag und Herschen, S. 42-44

14. Heinzl, Michaela (2008): *Das Märchen im Film Eine Analyse von Stil- und Gestaltungstechniken, Hagenberg* eingereicht am Fachhochschul-Master Studiengang Digitale Medien - Diplomarbeit

15. Hein, Anna (2015): *Deutschland.de, Streifzüge, Aschenputtel,* URL: http://www.deutschland-lese.de/index.php?article_id=245 (17.08.2015)

16. Liebau, Susanne (2011) :`` 6 auf einen Streich -Aschenputtel`` In : tv kult Fernsehen , Film und moderne Medien, URL: http://www.tv-kult.com/kritiken/2565-6-auf-einen-streich-aschenputtel.html (17.11.2011)

17. Schlesinger, Ron (2013): *Aschenputtel (2011) – oder: Neue Frauen braucht das (Märchen) Land.* URL:http://suite101.de/article/aschenputtel-2011--oder-neue-frauen-braucht-das-marchenland-a131393#.Vd7mUJrAIcA (22.08.2015)